D1747228

Nora und Beshir

zwei Geschichten
des Neuanfangs

Impressum:

1. Auflage 2016
Copyright © 2016

Idee und Text
© 2016
Carolin Neumann

Illustration
© 2016
Lisa Sandner

Layout und Kolorierung
Matthias Neumann

Dieses Buch wurde in der Schrift Larish Neue
auf das Papier Munken Pure 150 g/m² gedruckt.

Druck und Weiterverarbeitung:
Offsetdruckerei Grammlich

ISBN: 978-3-00-051999-4

www.noraundbeshir.de

Alle Rechte vorbehalten, insbesondere das des öffentlichen Vortrages sowie
der Übertragung durch Rundfunk und Fernsehen, auch einzelner Teile.
Kein Teil des Werkes darf in irgendeiner Form ohne schriftliche
Genehmigung der Autoren reproduziert oder unter Verwendung
elektronischer Systeme verarbeitet oder veröffentlicht werden.

Danke an Tanita Thüymer, Angela, Matthias Rathje, Barbara Eigner, Cobeth, Nancy Meier, Stefan & Sabine Sandner, Gero Lomnitz, Johannes Lomnitz, Sebastian Werner, Jörg Häusler, Tine Moh, Isabel Lezmi & Claudia Roeder, Clea & Luise & Manuel, Conni Zeul, Marina Angladagis, Maximilian Mock, Oli, Helen Agnes Stoffel, Kathrin Weisgerber & Frederik Rösch, Gabriele Rauch, Katrin Eid, Sonja Ruf, Bianca & Pascal & Leander & Josias Rossa, Hania, Barbara Uihlein, Marc Wagner, Annette Ruthenberg, Emma Ammersinn, Corrie, Bianca Keck, Julia Rauch, Alexandros Tziafetas, Anna, Emil Deutscher, Stephie, Luke & Bennet

Salam

Ich bin Beshir.

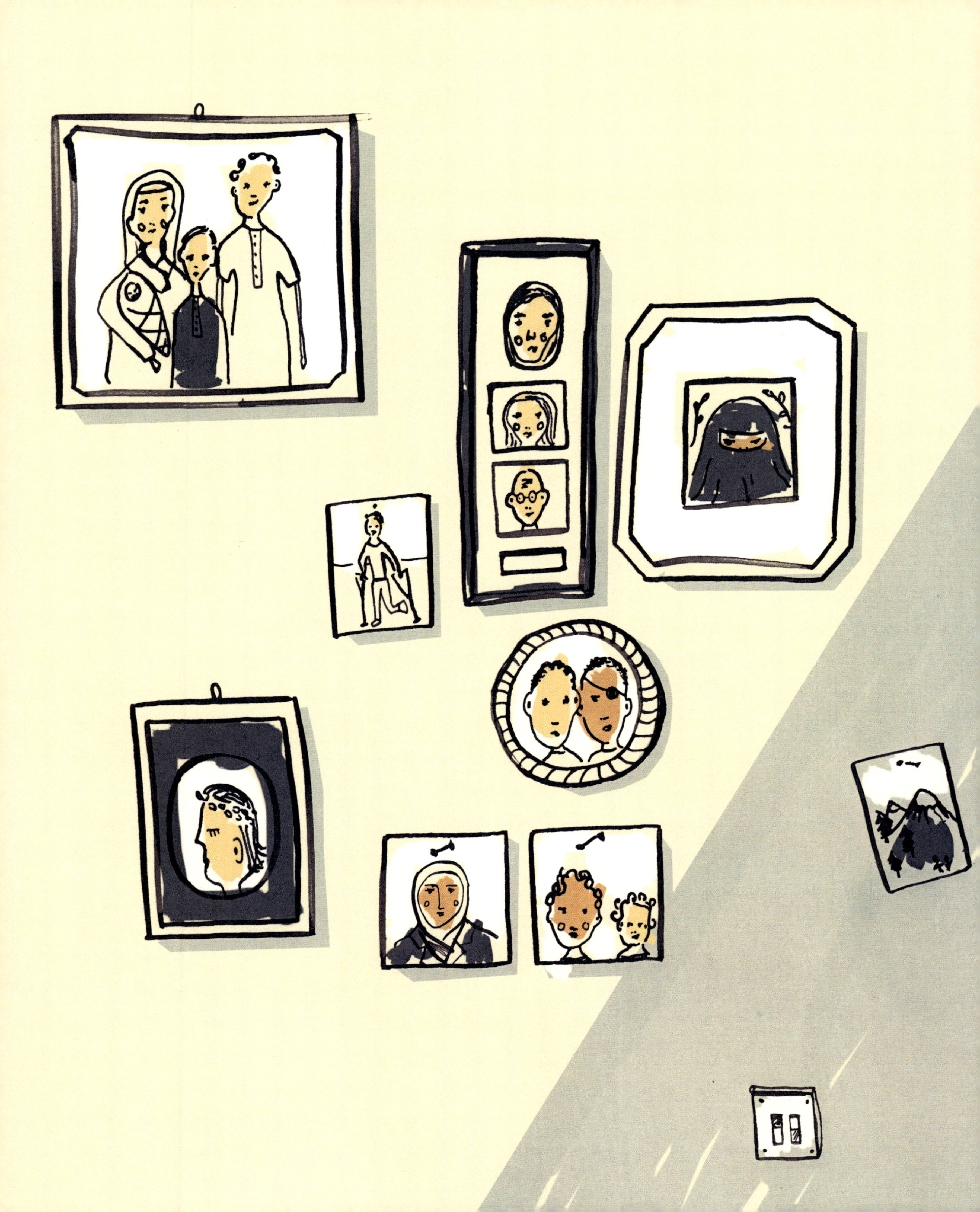

Das ist mein Zuhause.
Hier lebe ich mit meiner Familie.

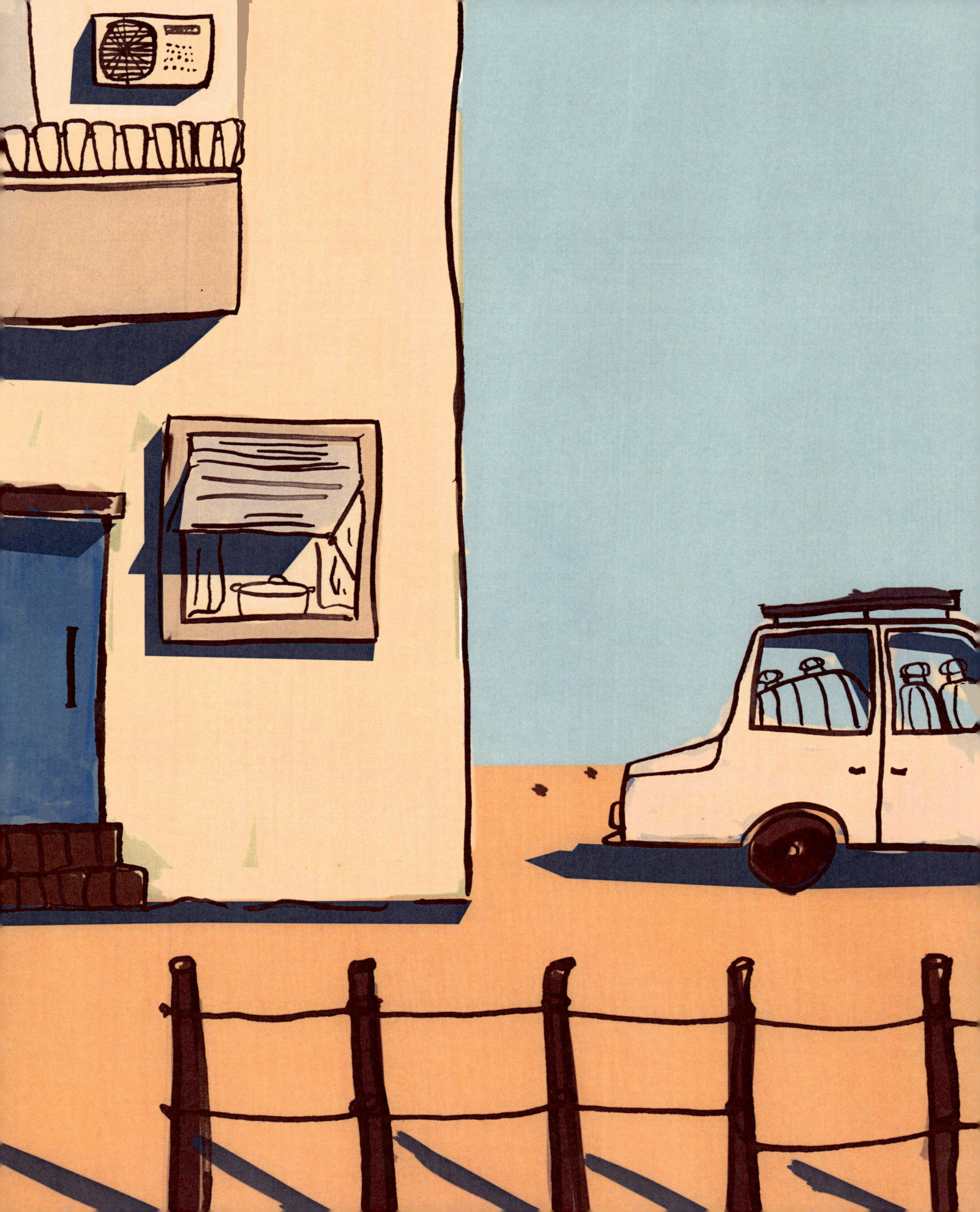

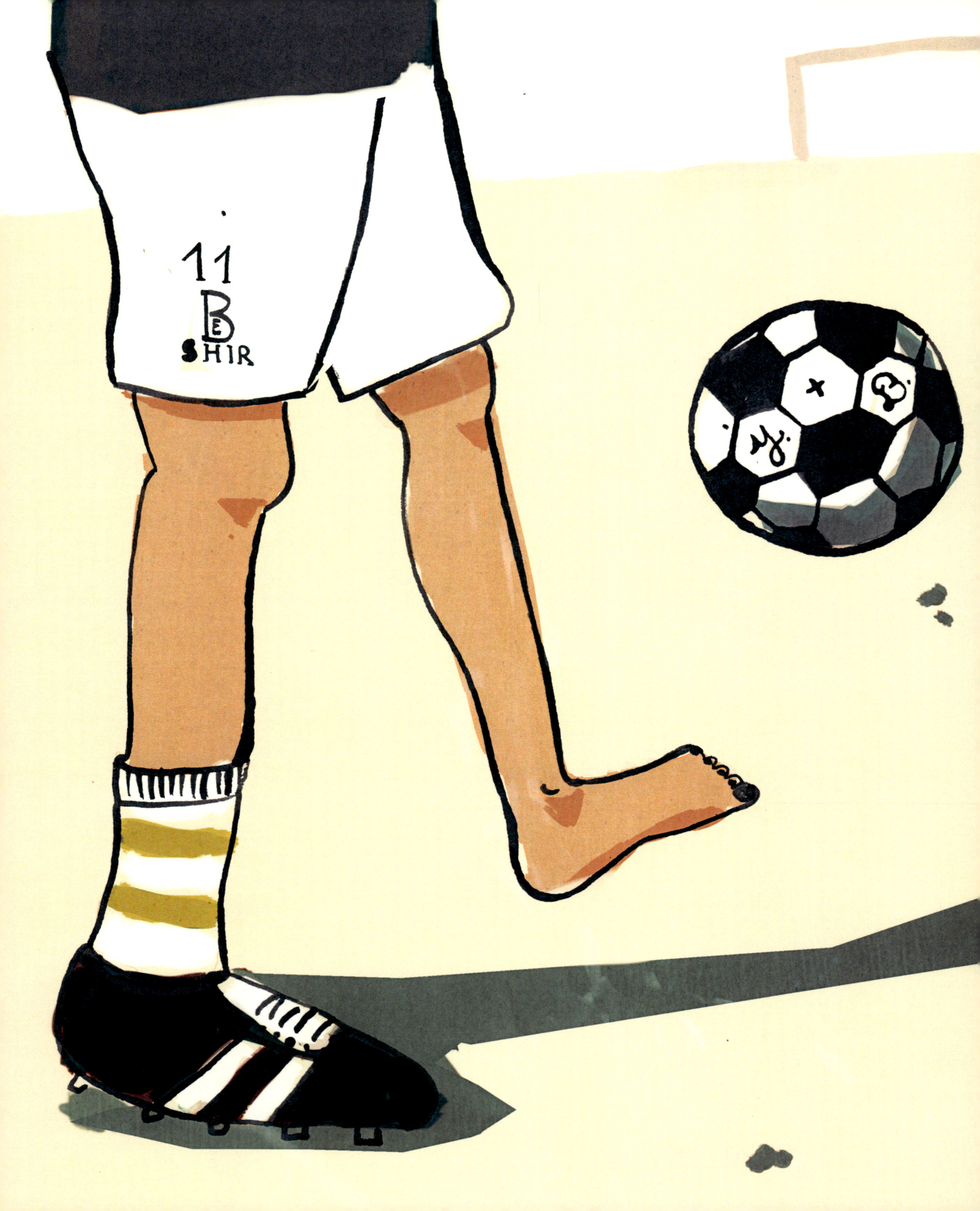
11
BESHIR

Das ist mein bester Freund Yasin.
Mit ihm spiele ich am liebsten.

In meinem Land gibt es Menschen,
die Gutes tun und Menschen,
die Böses tun.

Es gibt immer mehr Menschen, die Böses tun.
Das macht uns Angst.
Wir müssen unser Land verlassen und fliehen.

Ich muss meinem besten
Freund „Lebewohl" sagen.

Aber wir wollen uns immer
Briefe schreiben – versprochen.

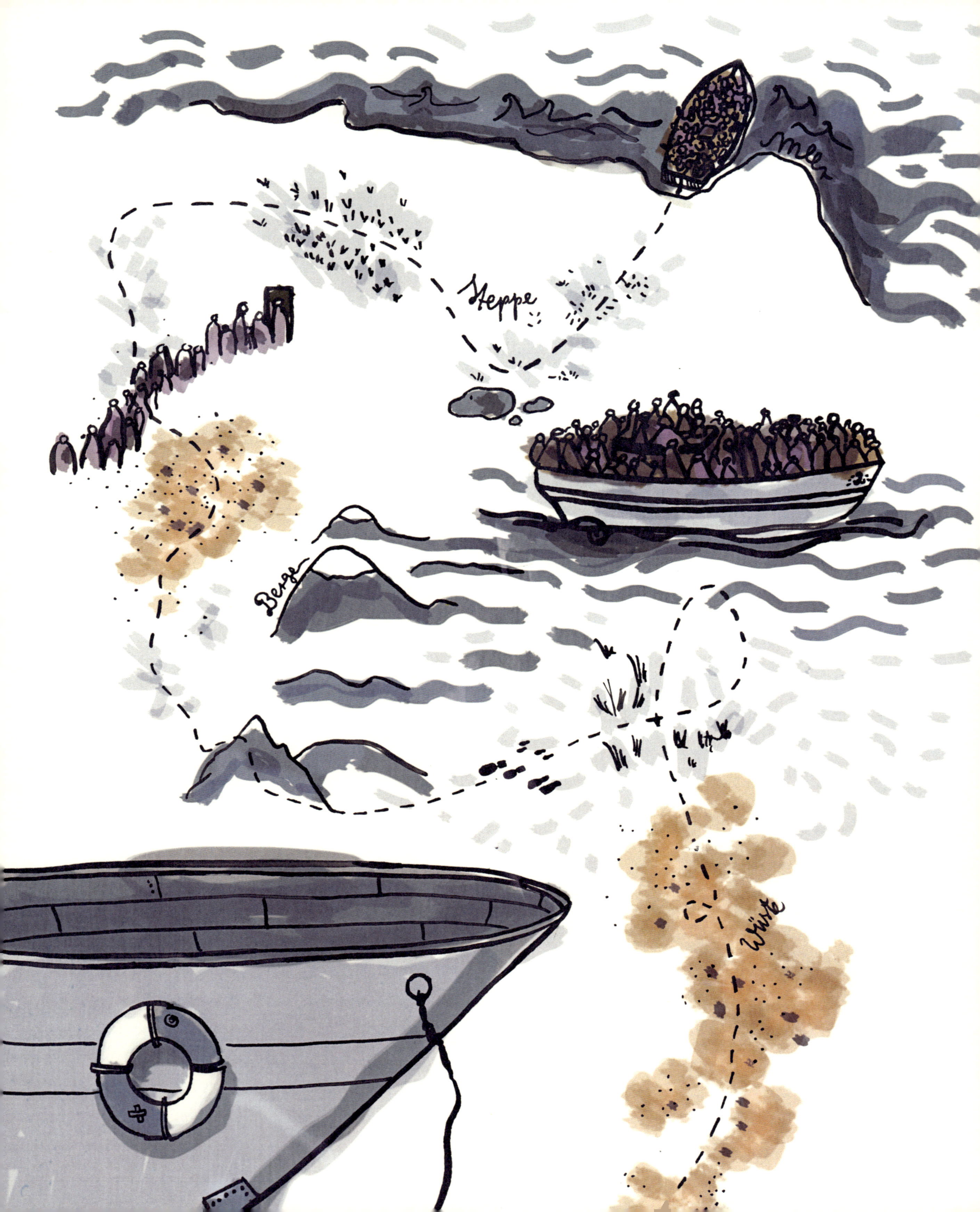
Meer
Steppe
Berge
Wüste

Wir müssen einen weiten Weg gehen und schwierige Aufgaben meistern.

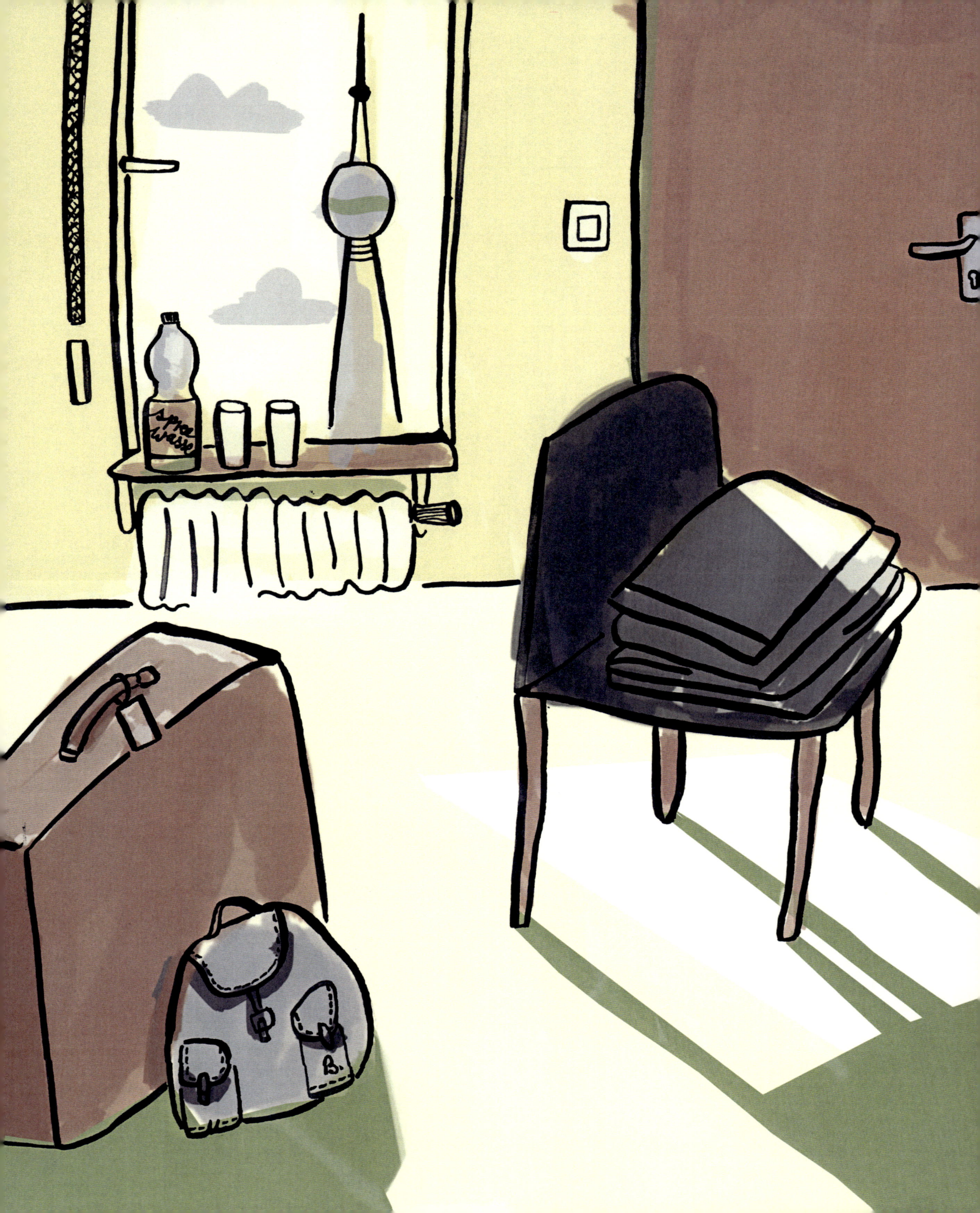

Und dann sind wir da.
Hier wohnen wir jetzt.

Wat wolln se in k...

Alle sprechen ganz anders als ich.

Räume
5+6

... und ich gehe in eine neue Schule.

MATHEMATIK

$a^2+b^2=c^2$

salam

Beshir

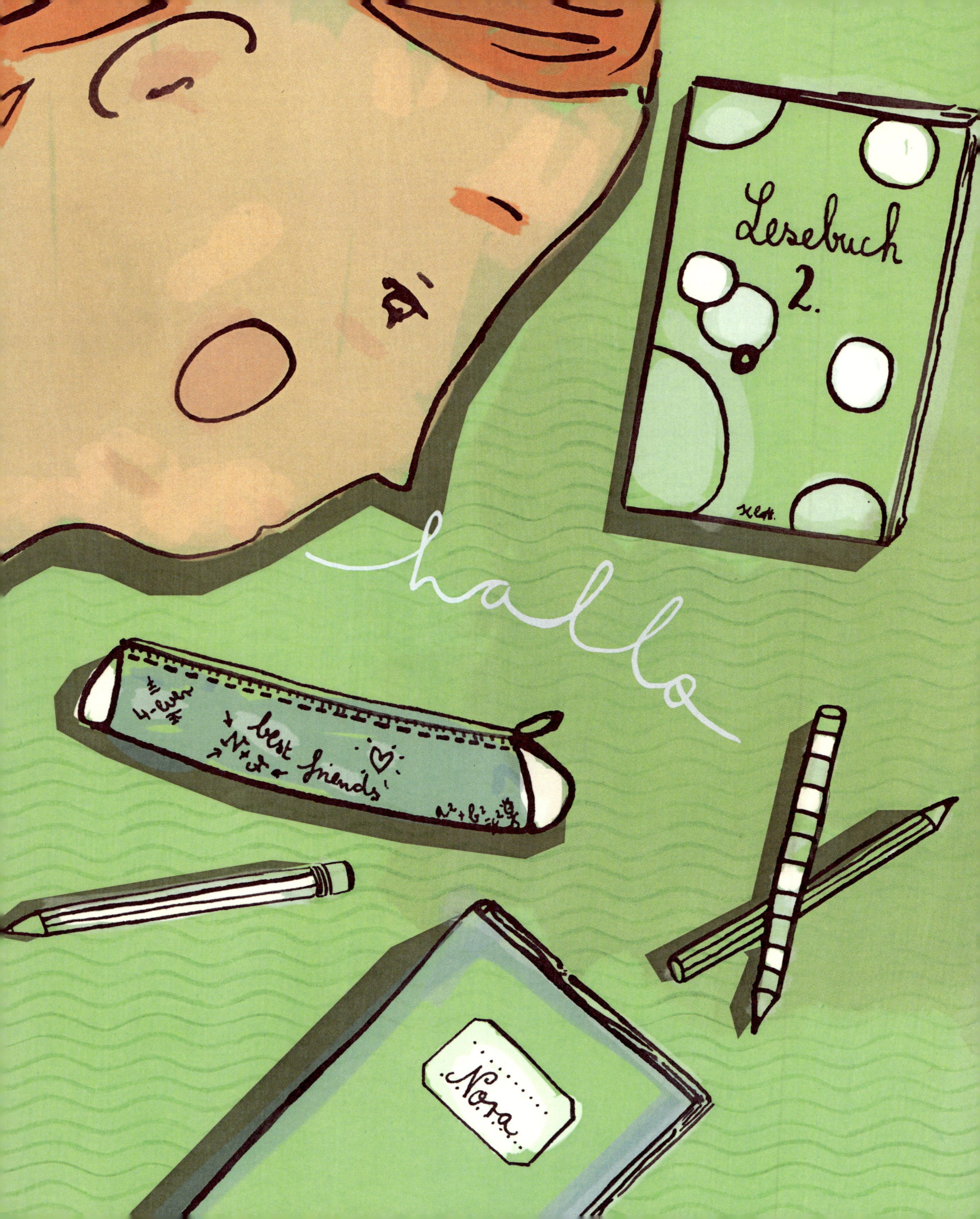

Lesebuch
2.
halla
4-ever
best
friends
Nora

... und ich gehe in eine neue Schule.

Räume
5+6

eene, meene, Kleene

Alle sprechen ganz anders als ich.

dit macht

e
k d z
e
n
m
a

Und dann sind wir da.
Hier wohnen wir jetzt.

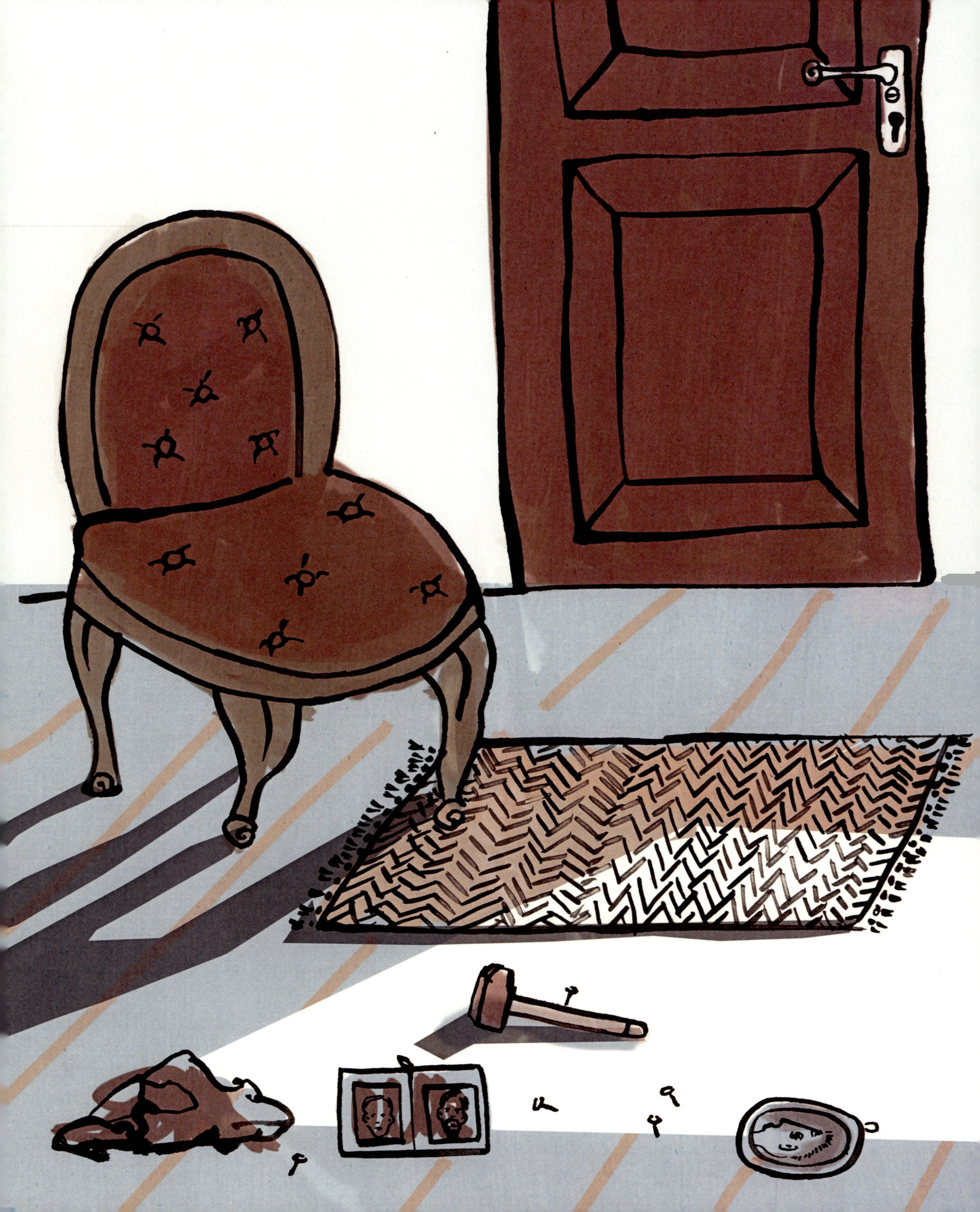

Betreff:
leider Absage
gez. Schule
SO MO DI MI DO FR SA
Umzug
ARBEITSVERTRAG
gez.

Auf unserem Weg müssen wir viele Dinge meistern.

ebewohl

Aber wir wollen uns immer Briefe schreiben – Ehrenwort!

Ich muss meinem besten
Freund „Lebewohl" sagen.

Mama hat ihre Arbeitsstelle verloren.
Das macht uns Sorgen.
Anderswo hat sie eine neue Stelle.
Wir müssen unsere Stadt verlassen und umziehen.

In meinem Land gibt es Menschen,
die Gutes tun und Menschen,
die Böses tun.

Mit ihm spiele ich am liebsten.

Das ist meine bester Freund Fritz.

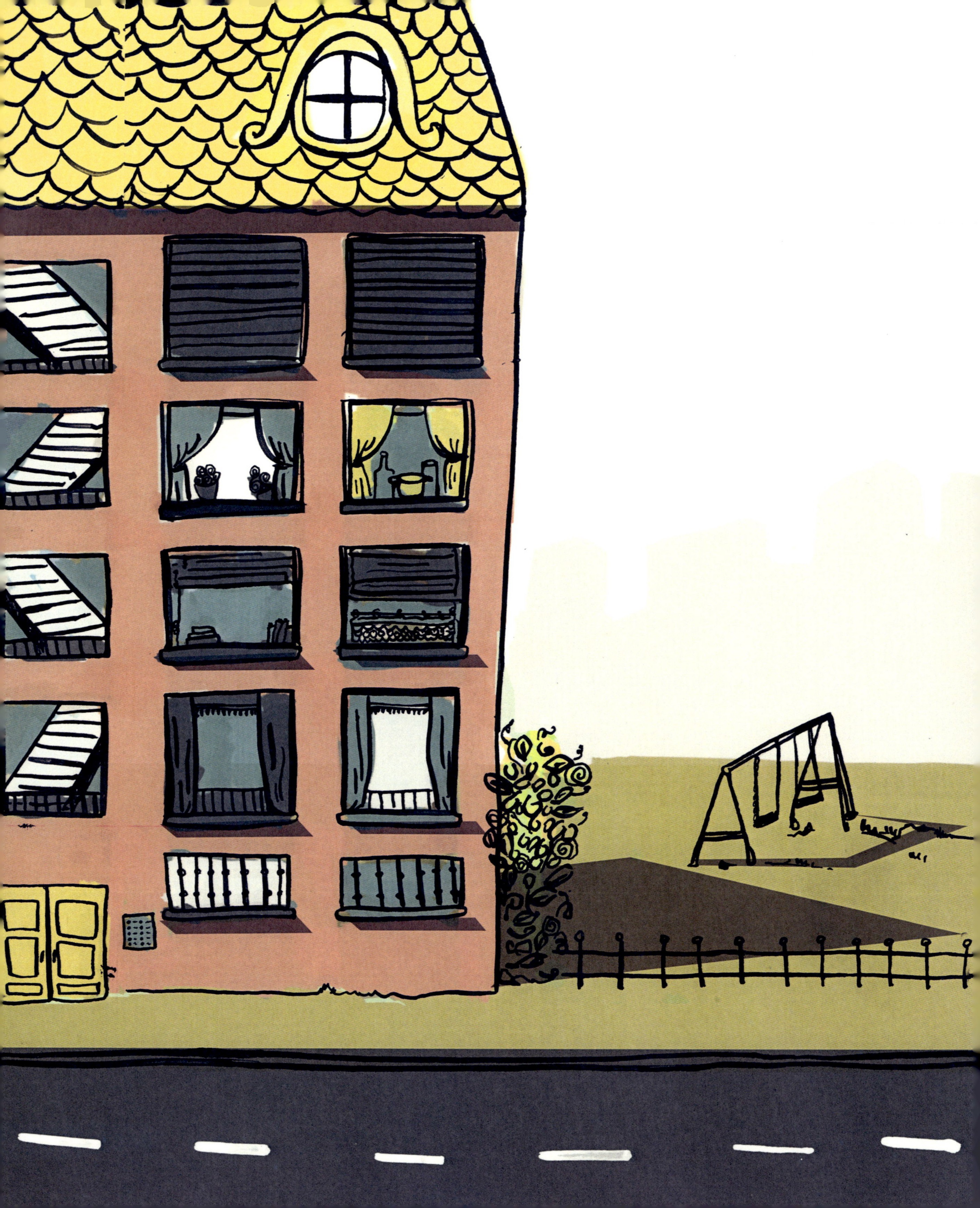

Das ist mein Zuhause.
Hier lebe ich mit meiner Familie.

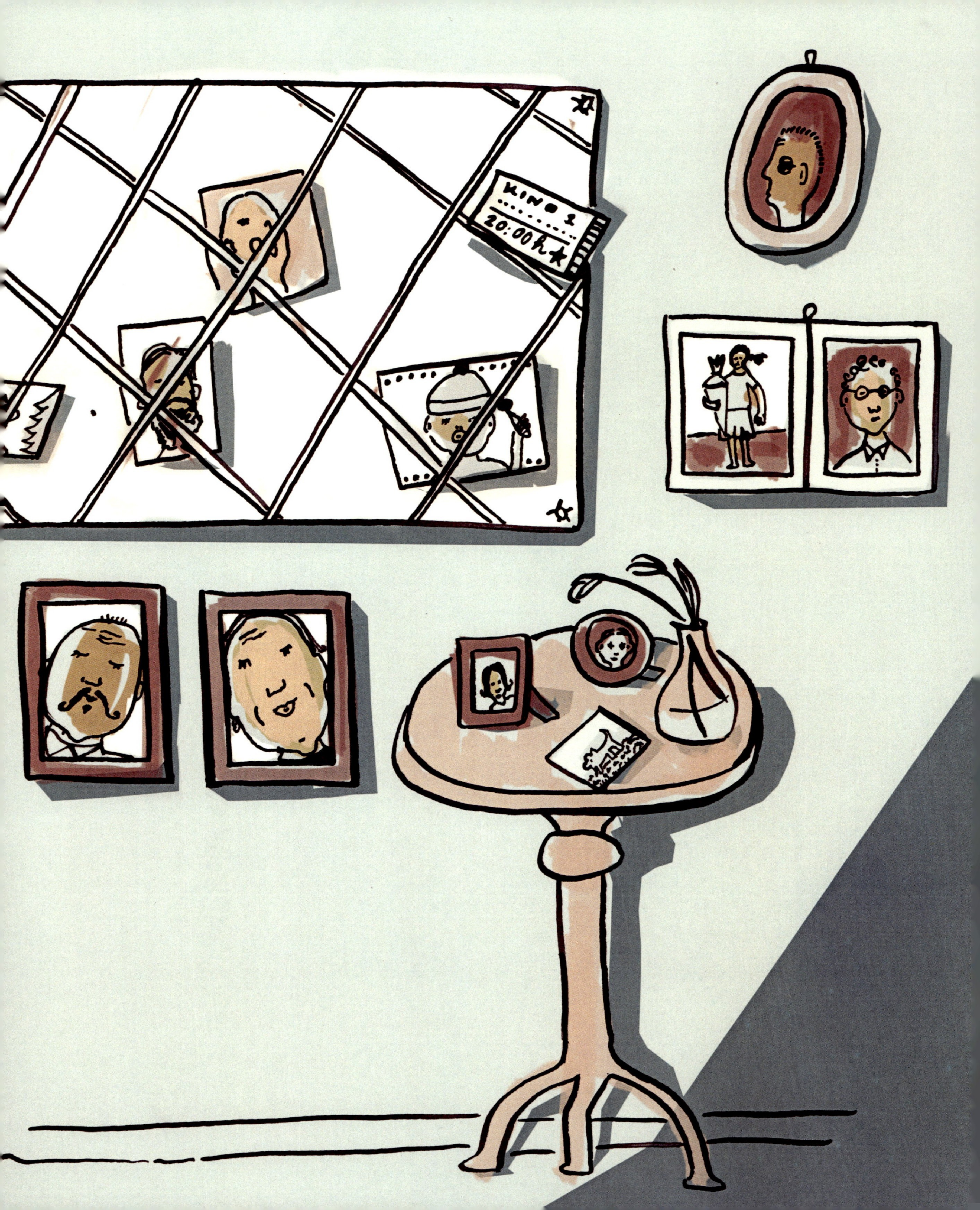
KINO 1
20:00h

hallo

Ich bin Nora.

Danke an Haydar, Ulrike Heine, Christoph Weise, Lilia Bouamama, Erika Mallison, Kristina Perl, Ngoc & An Bui, Flavia Leonie Gottaut, Terence Nikolic, Oma Helga & Gabi & Joe & Jana & Joy, Nora & Olga & Philip, Hendrik Heine, Maggie & Vito La Tenara, Fynn & Liv, Kostis, Wilma van Kessel, Matze, Sarah, Ulrike Wolf, André Freidler, Architekturbüro Martin Mayer, Lenny Maya, Familie Gaubatz, Flora, Andreas Lindau, Laura, Janina Heinz, Uta Hegenloh, Nicole & Ralf & Pia & Leon, Hedwig Heine, Kati Juhl, Chris & Elisabetta, Sara & Daniel, Familie Werner, Joseph Hoolachan, Birgit, Maren Jentschke

Impressum:

1. Auflage 2016
Copyright © 2016

Idee und Text
© 2016
Carolin Neumann

Illustration
© 2016
Lisa Sandner

Layout und Kolorierung
Matthias Neumann

Dieses Buch wurde in der Schrift Larish Neue
auf das Papier Munken Pure 150 g/m² gedruckt.

Druck und Weiterverarbeitung:
Offsetdruckerei Grammlich

ISBN: 978-3-00-051999-4

www.noraundbeshir.de

Alle Rechte vorbehalten, insbesondere das des öffentlichen Vortrages sowie
der Übertragung durch Rundfunk und Fernsehen, auch einzelner Teile.
Kein Teil des Werkes darf in irgendeiner Form ohne schriftliche
Genehmigung der Autoren reproduziert oder unter Verwendung
elektronischer Systeme verarbeitet oder veröffentlicht werden.

Noa und Beshir

zwei Geschichten
des Neuanfangs